My First Greek
Alphabets

Picture Book with English Translations

Published By: AuthorUnlock.com

A α

Αεροπλάνο

Airplane

Β β

Βάτραχος

Frog

Γγ

Γάτα

Cat

Δ δ

Δέντρο

Tree

E ε

Ελικόπτερο

Helicopter

Ζ ζ

Ζέβρα

Zebra

Η η

Ημερολόγιο

Calendar

Θ θ

Θάλασσα

Sea

Ι ι

Ιπποπότamος

Hippopotamus

K κ

Κότα

Hen

Λ λ

Λουλούδι

Flower

Μ μ

Μήλο

Apple

N v

Νάνος

Dwarf

Ξ ξ

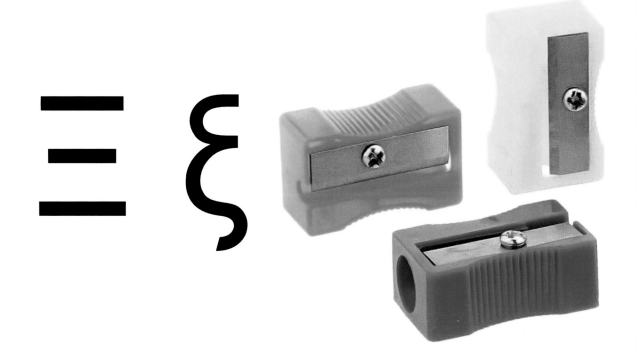

Ξύστρα

Sharpener

O o

Ομπρέλα

Umbrella

Π π

Ποδήλατο

Bicycle

P ρ

Ρινόκερος

Rhino

Σ σ

Σαλάτα

Salad

T τ

Τρένο

Train

Υ u

Υπολογιστή

Computer

Φ φ

Φωλιά

Nest

X x

Χελώνα

Tortoise

Ψ ψ

Ψαλίδι

Scissors

Ω ω

Ωρα

Time

Made in the USA
Coppell, TX
25 August 2020

34783082R10017